L'Oracle des Medeores

De la même auteure :

Guide d'éveil *Karma Bitch*, Le Courrier du Livre, coll. « Dev Perso », 2019.
L'Oracle d'Ankaa, Le Courrier du Livre, 2020.
Good Karma Box, Éditions Contre-Dires, 2021.
Good Quantic box, Éditions Contre-Dires, 2021
Merci connard !, Éditions Contre-Dires, 2021.
L'Oracle de la Flamme d'Ankaa, Le Courrier du Livre, 2021.
L'Oracle des petits magiciens, Le Courrier du Livre, 2021.

Ces cartes sont à manipuler et mélanger avec précaution afin de les préserver et ne pas abimer leur dorure.

Illustrations : Noémie Tricoche.

ISBN : 978-2-36188-388-1

www.editions-tredaniel.com
info@guytredaniel.fr
www.facebook.com/tredanieleso
@tredaniel_eso

Stéphanie Abellan
Illustré par Noémie Tricoche

L'Oracle des Medeores

Guidance & divination

Sixième édition

ÉDITIONS
EXERGUE
27, rue des Grands-Augustins
75006 Paris

Sommaire

Introduction

Bienvenue dans ce guide explicatif de *L'Oracle des Medeores.*

Cet oracle inédit vous permet de conjuguer divination et guidance, tout en ayant des réponses concrètes concernant les outils énergétiques qui pourraient vous permettre de vous libérer de vos problématiques. Il peut être utilisé de plusieurs façons grâce à ses deux parties distinctes.

La première partie est composée de 49 cartes, dont le dos est rose et violet. Ce sont les cartes de « divination». Vous pouvez utiliser cette partie divination de l'oracle indépendamment de la partie « guidance medeores ». Elle a pour objectif de répondre aux problématiques qui vous tracassent.

Comment se déroule un tirage ?

Mélangez les cartes comme vous le souhaitez. N'adoptez pas une méthode que vous avez vue ou lue si elle ne résonne pas en vous. Faites-vous confiance, battez les cartes et étalez-les devant vous de manière à ce qu'elles forment un arc de cercle.

Ensuite, tirez quatre cartes et disposez-les comme sur le schéma ci-après :

Chaque carte possède une position significative :

1/ L'état actuel de la situation ou de la problématique : cette carte vous donne des indications sur les énergies et les événements du moment.

2/ Les forces opposées : cette carte vous indique tout ce qui n'ira pas en votre faveur dans l'évolution de votre problématique. Si la carte est positive, cela signifie qu'il n'y a pas de blocage majeur.

3/ Les forces divines : cette carte vous indique ce que vous ne contrôlez pas et qui adviendra quoi que vous fassiez. Elle peut être positive ou négative[1].

4/ La réponse : cela vous donne la réponse à votre question.

---

[1]Cartes positives : 3, 6, 10, 13, 16, 19, 22, 25, 28, 31, 34, 35, 36, 38, 39, 43, 46. Cartes neutres : 1, 2, 4, 5, 7, 9, 12, 15, 18, 21, 27, 29, 32, 40, 42, 45. Cartes négatives : 8, 11, 14, 17, 20, 23, 24, 26, 30, 33, 37, 41, 44, 47, 48, 49.

Vous pouvez recouvrir les cartes jusqu'à trois fois chacune, mais je vous conseille de ne recouvrir que celles qui ne vous délivrent pas de message suffisamment clair. Dans l'idéal, il faudrait recouvrir une fois le tirage et avoir 8 cartes au total.

La seconde partie de l'oracle, la partie « guidance medeores », correspond aux 15 cartes non numérotées. Elles possèdent un dos de couleur bleu et vert. Ces cartes sont un plus. Elles vous permettront de trouver le soin medeore qui vous aidera à vous libérer de la situation qui vous préoccupe. Les 15 cartes représentent les 15 soins medeores les plus importants. Vous pouvez bien entendu choisir un autre type de thérapie que les soins medeores, comme l'hypnose, la kinésithérapie ou encore le magnétisme.

Comment utiliser cet oracle ?

Il vous suffit de mélanger les cartes et de piocher au hasard l'une d'entre elles, ou bien de les battre jusqu'à ce qu'une carte s'échappe du paquet.

Si vous tirez une carte « guidance medeores », celle-ci vous indique quel soin vous sera le plus utile. Si vous possédez déjà une medeore, portez-la jusqu'à ce que votre situation se modifie ou jusqu'à ce que la medeore se casse.

Si vous ne la possédez pas, vous pouvez décider de le commander sur le site www.lesmedeoresdankaa.fr

Vous pouvez décider soit de faire le tirage avec les cartes divination et guidance uniquement, soit de seulement vouloir savoir quelle medeore conviendrait à votre problématique, sans consulter l'oracle divinatoire et ainsi avoir un axe de travail sur lequel avancer de votre côté en attendant que la situation se débloque.

Vous pouvez utiliser cet oracle à chaque fois que vous en ressentez le besoin, mais gardez en tête qu'il vaut mieux l'utiliser avec parcimonie. Trop de tirages pourraient ajouter de la confusion à vos doutes et inquiétudes. Je suggère de laisser un laps de temps de six semaines avant de reposer la même question. Une fois votre tirage effectué vous allez mettre en place beaucoup de nettoyage et de libération de façon inconsciente. De plus, si vous ajoutez le soin medeore cela chamboulera votre futur, car vous serez dans une démarche de changement. Afin de laisser tout ce travail se faire il faut lâcher prise sur la situation et ne plus y penser.

J'espère que vous aurez plaisir à utiliser cet oracle intuitif empli de magnifiques énergies, imaginé par moi-même (@lesmedeoresdankaa) et dessiné par Noémie Tricoche (@ponkino_art).

Un grand merci pour votre confiance, je vous laisse découvrir l'oracle.

Stéphanie

Messages des cartes

Divination

I

Changement imminent

Cette carte vous indique que votre situation va rapidement évoluer : des changements physiques, émotionnels ou très concrets dans votre vie quotidienne arrivent et devraient se manifester sous peu.

2
Lâcher-prise

Cette carte vous invite à utiliser la loi de l'attraction en votre faveur. Vous bloquez une situation en émettant des pensées fixes sur une attente dont vous n'arrivez pas à vous défaire. En envoyant des vibrations d'impatience, vous retardez d'autant plus l'aboutissement de votre projet. Lâchez prise et la situation devrait rapidement rentrer dans l'ordre.

3
Acceptation

Cette carte vous signale qu'une part profonde de vous-même a tiré le drapeau blanc : vous avez, ou vous allez, enfin accepter une situation qui vous pèse. C'est une excellente carte, elle est synonyme de nouvelles vibrations et de renouveau : en modifiant ce que vous émettez, vous attirerez de nouvelles réalités et synchronicités dans votre vie.

4
Événement proche

Cette carte vous indique qu'un changement probant arrive d'ici peu dans votre vie. Il pourra chambouler tout ce que vous croyez ou pensez à propos de votre problématique, et il vous apportera une nouvelle perspective. Cette carte n'est ni bonne ni mauvaise, elle vous signale seulement un tournant à venir.

5
Besoin d'ancrage

Cette carte vous indique une fuite du moment présent et une déconnexion à la matière. Vous êtes trop focalisé sur le passé ou sur le futur, et votre ancrage en pâtit. Ressourcez-vous et prenez le temps d'être dans le moment présent, cela vous permettra d'être plus aligné et plus en phase avec vous-même.

6
Retombée positive

Cette carte vous signale que des actions ou des décisions que vous avez prises il y a peu seront couronnées de succès : vous allez être récompensé pour les efforts déployés.

7
Trimestre en cours

Cette carte vous indique une période d'environ trois mois pour le tirage en cours.

8

Désintérêt, oubli

Cette carte vous signale qu'une partie de vous se sent délaissée. Une personne à qui vous tenez ne vous donne pas de nouvelles ou semble s'éloigner. Elle vous indique que votre enfant intérieur se sent seul et qu'il aurait besoin que vous vous occupiez de lui durant cette période.

9
Mois en cours

Cette carte vous permet de dater votre guidance et les événements qui y sont reliés : il s'agit du mois à venir (trente jours à compter du jour du tirage).

IO

Rencontre forte

Cette carte vous indique que la personne à qui vous pensez ou que vous venez de rencontrer a un lien fort avec vous. Il se peut que ce soit une âme avec qui vous avez déjà vécu plusieurs vies et avec qui vous partagez une forte charge émotionnelle.

II

Fausses paroles, mensonges

Cette carte vous signale que votre ressenti est juste : une personne autour de vous vous ment ou n'est pas sincère. Ce tirage vous invite à faire preuve de lucidité sur ce que l'on vous dit mais, surtout, à écouter votre intuition : elle ne vous trompera jamais.

12

Année en cours

Cette carte vous permet de dater approximativement votre guidance : le tirage s'étendra sur l'année en cours (les douze prochains mois).

13
Amour durable

Cette carte vous invite à souffler et à avoir confiance : l'amour que vous échangez avec la personne qui est dans votre cœur est pur et sincère. Parfois, la route n'est pas dénuée d'embûches, mais l'amour véritable est là et il en ressort toujours vainqueur si vous en prenez soin. Soyez rassuré : vous êtes faits l'un pour l'autre.

14
Combats

Cette carte indique qu'il y aura besoin d'ajustements et de patience pour régler la situation qui vous bloque. Il faudra puiser dans vos ressources, car cela vous demandera de clarifier ce que vous désirez et de vous battre pour l'obtenir.

15
Message à venir aujourd'hui

Cette carte apparaît quand vous êtes en proie à beaucoup de confusion et que vous avez besoin d'être éclairé : vous allez recevoir, dans les 24 prochaines heures, un message de vos guides. Cela peut être un message à la télé, une musique ou un appel inattendu. Vous saurez que c'est le bon, car vous en ressentirez les vibrations.

16
Réconciliation

Cette carte vous indique que, malgré des départs difficiles, la situation dans laquelle vous vous trouvez va s'arranger. La personne en question, qu'elle soit de votre sphère professionnelle ou personnelle, a encore un bout de chemin à faire à vos côtés. Tout s'arrangera bientôt.

17
Réponses qui tardent

Cette carte vous indique que les réponses que vous cherchez n'arriveront pas tout de suite. Ce n'est pas encore le bon moment pour être fixé : certaines choses ne sont pas encore alignées pour que vous puissiez régler cette situation et avancer. Soyez patient, tout vient à point à qui sait attendre.

18
Fin de cycle

Cette carte vous indique que vous venez, ou que vous êtes en train, de clôturer une période de votre vie durant laquelle des enseignements ont été transmis et acquis. Vous vous êtes libéré d'un carcan et vous vous apprêtez à en tirer les bénéfices.

19
Potentiel exacerbé

Cette carte vous indique que vous êtes dans une période où votre énergie créatrice est à son apogée : vous avez toutes les cartes en mains pour prendre les bonnes décisions et pour commencer les projets dont vous rêvez.

20
Rancunes

Cette carte indique que, dans la problématique en cours, des rancunes sont toujours présentes. Cela peut provenir d'une tierce personne ou de vous-même. Ce poids énergétique vous empêche d'avancer, car l'aspect émotionnel est trop présent.

21

Lien vie antérieure

Cette carte vous indique que votre problématique est relative à une personne ou à une situation liée à une de vos vies antérieures. Cela explique l'incompréhension de celle-ci : elle ne date pas de votre vie présente.

22

Protection et réalisation

Cette carte indique que, malgré votre problématique ou votre ressenti sur la situation, vous êtes entouré et protégé. Quelle que soit la finalité, ne vous inquiétez pas, vous êtes sur le bon chemin.

23
Ralentissement

Cette carte vous indique que vous subirez des retards dans la matérialisation de vos projets. La période est propice à la patience et vous ne pouvez rien faire pour débloquer la situation. Attendez que les énergies soient en votre faveur.

24
Nettoyage profond

Cette carte vous indique qu'un nettoyage profond se met en place dans votre vie. Cela n'a pour but que de lever les incertitudes qui mènent à des impasses, afin que vous restiez sur le bon chemin.

25
Réussite

Cette carte vous signale que vos projets en cours sont en très bonne voie : la réussite est à la clef. Vous allez mener à bien vos envies profondes. Plus d'indications vous seront apportées par les messages délivrés par les autres cartes du tirage.

26
Tristesse

Cette carte vous signale qu'une profonde partie de vous est emplie de tristesse. Cela affecte votre taux vibratoire général et vous bloque dans votre avancée. Trouvez la force de sortir de cet état et de vous relever. Cette période ne durera pas.

27
Choix à faire

Cette carte vous indique que vous êtes maître de la situation qui vous préoccupe : un choix doit être fait. Même si vous pensez être perdu ou ne pas savoir ce que vous voulez, on vous signale que votre positionnement est primordial pour la suite des événements. Prenez votre décision en votre âme et conscience, tout est parfait.

28
Abondance

Cette carte vous indique que vous entrez dans une période d'extrême abondance. Vos pensées sont alignées avec vos actes et de belles surprises en découlent. Cela peut être des opportunités amoureuses, professionnelles, matérielles ou financières, mais aussi une facilité à attirer des synchronicités.

29
Travail, entreprise

Cette carte indique que le secteur professionnel a un lien direct ou indirect avec votre tirage. Recoupez les informations avec les cartes voisines afin de comprendre le sens général du message.

30
Mauvais œil, jalousie

Cette carte vous indique qu'une personne malintentionnée vous envoie de mauvaises énergies. Cette dernière est dans une vibration de colère, de jalousie ou de rancœur, et elle vous considère responsable de son état. Protégez-vous en vous enveloppant d'une bulle de lumière et coupez les liens qui vous lient à elle.

31
Grosse avancée karmique

Cette carte vous indique que, après de douloureuses épreuves et de longs efforts, vous venez d'intégrer et de libérer une clef d'évolution importante. Les schémas répétitifs ne se reproduiront plus. Vous êtes libéré d'une partie de votre karma.

32
Famille, proches

Cette carte vous indique qu'un membre de votre famille, ou l'un de vos proches, est impliqué dans la problématique de votre tirage. Consultez les cartes avoisinantes pour avoir plus de détails.

33
Période de stagnation

Cette carte vous indique que vous entrez dans une période de stagnation : votre situation est momentanément bloquée pour que vous puissiez comprendre certaines choses ou pour que d'autres facteurs que vous ne maîtrisez pas se débloquent d'eux-mêmes. Soyez patient durant ce laps de temps.

34
L'être aimé

Cette carte désigne la personne que vous portez dans votre cœur. Cela peut être votre conjoint, une personne avec qui vous aimeriez être en couple ou bien quelqu'un avec qui vous entretenez un lien fort.

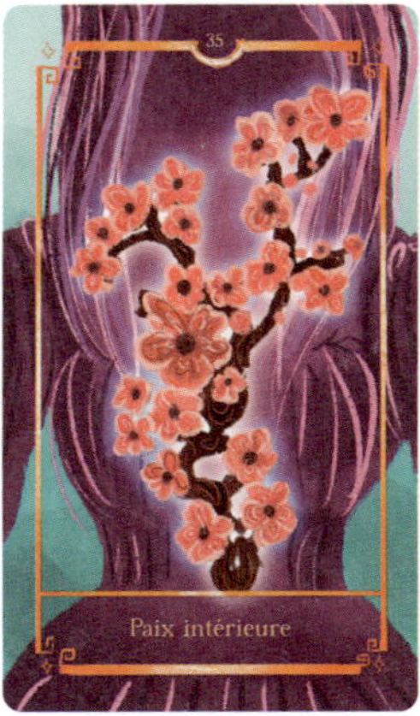

35
Paix intérieure

Cette carte vous indique que la situation va très prochainement s'apaiser et qu'un équilibre sera trouvé. Vous pourrez enfin souffler et retrouver la sérénité.

36
Réponse déjà en soi

Cette carte vous indique que vous possédez déjà la réponse à votre question, mais que vous préférez vous voiler la face, car la vérité peut être effrayante ou ne pas correspondre à vos attentes. Écoutez votre cœur, il vous soufflera ce que vous savez déjà.

37
Jugement

Cette carte vous signale que vous serez la cible de jugements hâtifs de la part de personnes qui n'approuvent pas vos décisions ou votre personnalité. Elles colporteront leurs avis sur vous dans votre dos, par jalousie ou par aigreur.

38
Libération d'un blocage

Cette carte indique que vous avez, ou que vous allez, libérer un blocage profond qui vous empêche d'être totalement heureux. C'est une carte très positive, qui vous ouvre un nouveau champ des possibles.

39
Bonheur total

Cette carte vous indique qu'un bonheur immense et profond vous attend. Vous aurez la sensation que tout est en place, et vous récolterez le fruit de votre travail intérieur et de vos efforts.

40
Passage à l'action

Cette carte vous indique que vous devez agir pour débloquer la situation. Les cartes sont entre vos mains et vous seul pouvez faire avancer les choses. Vous prendrez prochainement des décisions allant en ce sens, qui modifieront votre situation pour le meilleur.

41
Corps physique souffrant

Cette carte vous indique que vous somatisez vos souffrances et vos problèmes émotionnels et énergétiques dans votre corps physique. Votre taux vibratoire est plus bas que d'habitude et cela joue sur votre santé.

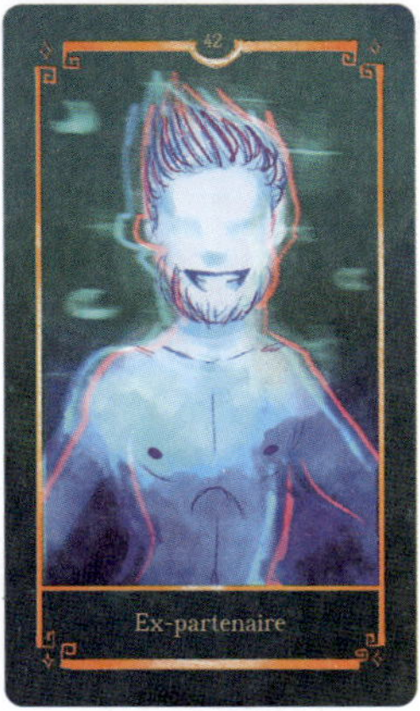

42
Ex-partenaire

Cette carte désigne une personne avec qui vous formiez un binôme fort et de qui vous vous êtes éloigné. Cela peut être une ancienne relation amoureuse, un ami ou bien un collègue. Ce tirage signale que quelque chose n'est pas encore terminé ou nettoyé dans la relation, ou qu'un possible retour est à envisager.

43
Évidence

Cette carte vous indique que ce que vous vivez ou ce que vous ressentez est une profonde évidence. On vous demande de ne pas douter de vous et de vous faire confiance : vous êtes sur le bon chemin, au bon endroit, entouré des bonnes personnes.

44
Rupture

Cette carte vous indique qu'une rupture va avoir lieu. Cela peut être une rupture professionnelle, amicale ou amoureuse. Vous avez besoin de prendre du recul afin de faire le point sur cette situation ou cette relation. Ce laps de temps vous permettra d'y voir plus clair au sujet de vos besoins et de vos envies.

45
Croisée des chemins

Cette carte vous indique que vous êtes à un point stratégique de votre chemin de vie : les décisions ou les actions entreprises maintenant seront primordiales dans le futur. Faites un choix de cœur et écoutez votre intuition, c'est ce qui vous mènera le plus rapidement au bonheur.

46
Transformation

Cette carte vous indique qu'une transformation a eu lieu ou aura lieu très prochainement en votre for intérieur. Rapidement, un déclic et une prise de conscience vous feront grandir et voir les choses différemment. Vous serez une meilleure version de vous-même, plus élevée et plus alignée.

47
Disputes

Cette carte représente les disputes passées ou à venir. Elle vous indique que la communication a été rompue et qu'il faut veiller à extérioriser vos ressentis sans tomber dans l'ego ou la non-écoute de l'autre. Privilégiez le retour au calme pour votre bien-être personnel.

48
Blocage karmique

Cette carte vous indique que vous êtes face à un blocage karmique, c'est-à-dire à un nœud que vous retrouvez parfois depuis de nombreuses vies. Le déblocage peut être long, car les nœuds karmiques sont là pour vous challenger et vous pousser à évoluer.

49
Confusion, doute

Cette carte vous indique que vous traversez une période de doute, de confusion. Ne prenez pas de décisions hâtives et tranchantes, car vous n'avez pas encore le recul nécessaire pour évaluer correctement la situation.

Messages des cartes

guidance medeores

Apaisement des émotions

Si vous avez tiré cette carte, votre oracle vous conseille de porter une medeore « Apaisement des émotions ». En effet, votre système émotionnel est tumultueux et a besoin d'être débarrassé des émotions négatives qui le polluent.

Chakra du cœur

Si vous avez tiré cette carte, votre oracle vous conseille de porter une medeore « Chakra cœur ». Lorsque cette carte est tirée, cela signifie que des failles énergétiques et émotionnelles sont encore présentes au niveau de ce chakra. Ce soin vous permettra de panser ces blessures afin de pouvoir aller de l'avant.

Chakra de la gorge

Si vous avez tiré cette carte, votre oracle vous conseille de porter une medeore « Chakra gorge ». Ce soin vous accompagnera pour libérer les non-dits, mais aussi pour affirmer vos besoins et ce que vous avez sur le cœur.

Chakra sacré

Si vous avez tiré cette carte, votre oracle vous conseille de porter une medeore « Chakra sacré ». Ce soin vous permettra de libérer les blocages liés à la sexualité, mais aussi à rétablir votre équilibre féminin/masculin sacré.

Consciousness

Si vous avez tiré cette carte, votre oracle vous conseille de porter une medeore « Consciousness ». Ce soin vous permet de conscientiser les racines d'un blocage dont vous ne parvenez pas à vous extraire.

Enfant intérieur

Si vous avez tiré cette carte, votre oracle vous conseille de porter une medeore « Enfant intérieur ». Ce soin vous permet de libérer les souffrances émotionnelles liées à votre enfant intérieur.

Lâcher-prise

Si vous avez tiré cette carte, votre oracle vous conseille de porter une medeore « Lâcher-prise ». Ce soin vous permet de vous détacher de votre besoin de contrôle, mais aussi de relativiser vos inquiétudes et de vous libérer de vos attentes.

Lignée familiale

Si vous avez tiré cette carte, votre oracle vous conseille de porter une medeore « Lignée familiale ». Ce soin vous permet de libérer les mémoires familiales bloquantes qui pèsent sur vos épaules et qui se sont transmises de façon inconsciente de génération en génération.

Pardon

Si vous avez tiré cette carte, votre oracle vous conseille de porter une medeore « Pardon ». Ce soin vous permet de trouver la force et la résilience de pardonner le mal que l'on vous a fait afin de trouver la paix.

Queen B

Si vous avez tiré cette carte, votre oracle vous conseille de porter une medeore « Queen B ». Ce soin est axé sur la confiance en soi. Il vous enveloppe d'une énergie de confiance en vous, de féminité et de séduction. Il vous accompagne dans la redécouverte de vous-même.

Réharmonisation des 7 chakras

Si vous avez tiré cette carte, votre oracle vous conseille de porter une medeore « Réharmonisation des 7 chakras ». Ce soin vous permet de rééquilibrer vos chakras et de relancer l'énergie vitale de votre corps physique.

Vie antérieure

Si vous avez tiré cette carte, votre oracle vous conseille de porter une medeore « Vie antérieure ». Ce soin vous accompagne dans la libération d'une mémoire bloquante d'une vie passée. Il permet de couper le lien avec celle-ci et d'apaiser la charge émotionnelle qui y était reliée et qui vous bloquait encore aujourd'hui.

Angoisses et peurs

Si vous avez tiré cette carte, votre oracle vous conseille de porter une medeore « Angoisses et peurs ». Ce soin vous permet de libérer les mémoires reliées aux peurs et angoisses de traumatismes passés, qu'ils soient de vies antérieures ou de cette présente incarnation. Il vous aide à apaiser votre système émotionnel.

Déblocage du 3e œil, apaisement du mental

Si vous avez tiré cette carte, votre oracle vous conseille de porter une medeore « Déblocage du 3e œil, apaisement du mental ». Ce soin vous permet de vous reconnecter à votre part intuitive. Il vous aide aussi à apaiser le mental en vous réalignant sur des énergies subtiles.

Amour de soi

Si vous avez tiré cette carte, votre oracle vous conseille de porter une medeore « Amour de soi ». Ce soin vous permet de vous reconnecter à votre propre puits d'amour : retrouvez amour, considération, respect et loyauté envers vous-même. Il vous aide à vous faire passer en priorité.

À propos de l'auteure

Stéphanie Abellan, auteure et thérapeute, travaille sur la libération et le nettoyage de la mémoire cellulaire.

Créatrice des bijoux Medeores, elle propose ses soins et de nombreux outils thérapeutiques de développement personnel sur son site : www.lesmedeoresdankaa.fr.

Retrouvez Stéphanie Abellan sur :

@lesmedeoresdankaa
Les medeores d'Ankaa

À propos de l'illustratrice

Illustratrice auto-entrepreneure depuis 2018, Noémie Tricoche réalise des commandes diverses et variées en digital painting ainsi qu'en dessin traditionnel (illustrations, premières de couverture, portraits, matériel promotionnel, etc.).

Retrouvez Noémie Tricoche sur :
@ponkino_art
ponkino.wixsite.com/ponkinoportefolio

Notes

Notes

Notes

Notes

Notes

Notes

Notes

Notes

L'Oracle
des
Medeores

Amour de soi

L'Oracle
des
Medeores

Déblocage du 3e œil,
apaisement du mental

L'Oracle
des
Medeores

Angoisses et peurs

L'Oracle
des
Medeores

Vie antérieure

L'Oracle
des
Medeores

Réharmonisation des 7 chakras

L'Oracle
des
Medeores

Queen B

L'Oracle
des
Medeores

Pardon

L'Oracle
des
Medeores

Lignée familiale

L'Oracle
des
Medeores

Lâcher-prise

L'Oracle
des
Medeores

Enfant intérieur

L'Oracle
des
Medeores

Consciousness

L'Oracle
des
Medeores

Chakra sacré

L'Oracle
des
Medeores

Chakra de la gorge

L’Oracle
des
Medeores

Chakra du cœur

L'Oracle
des
Medeores

Apaisement des émotions

L'Oracle
des
Medeores

Confusion, doute

L'Oracle
des
Medeores

48

Blocage karmique

L'Oracle
des
Medeores

Disputes

L'Oracle
des
Medeores

46

Transformation

L'Oracle
des
Medeores

Croisée des chemins

L'Oracle
des
Medeores

44

Rupture

L'Oracle
des
Medeores

Évidence

L'Oracle
des
Medeores

Ex-partenaire

L'Oracle
des
Medeores

Corps physique souffrant

L'Oracle
des
Medeores

40
Passage à l'action

L'Oracle
des
Medeores

39
Bonheur total

L'Oracle
des
Medeores

38

Libération d'un blocage

L'Oracle
des
Medeores

37
Jugement

L'Oracle
des
Medeores

Réponse déjà en soi

L'Oracle
des
Medeores

35
Paix intérieure

L'Oracle
des
Medeores

34

L'être aimé

L'Oracle
des
Medeores

33

Période de stagnation

L'Oracle
des
Medeores

32

Famille, proches

L'Oracle
des
Medeores

Grosse avancée karmique

L'Oracle
des
Medeores

30

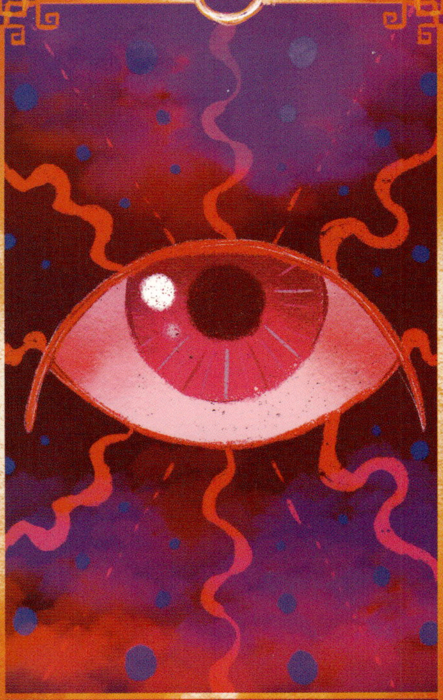

Mauvais œil, jalousie

L'Oracle
des
Medeores

Travail, entreprise

L'Oracle
des
Medeores

28

Abondance

L'Oracle
des
Medeores

Choix à faire

L'Oracle
des
Medeores

26

Tristesse

L'Oracle
des
Medeores

25

Réussite

L'Oracle
des
Medeores

Nettoyage profond

L'Oracle
des
Medeores

23
Ralentissement

L'Oracle
des
Medeores

Protection et réalisation

L'Oracle
des
Medeores

Lien vie antérieure

L'Oracle
des
Medeores

Rancunes

L'Oracle
des
Medeores

Potentiel exacerbé

L'Oracle
des
Medeores

18

Fin de cycle

L'Oracle
des
Medeores

17

Réponses qui tardent

L'Oracle
des
Medeores

16
Réconciliation

L'Oracle
des
Medeores

15

Message à venir aujourd’hui

L'Oracle
des
Medeores

14
Combats

L'Oracle
des
Medeores

15

Amour durable

L’Oracle
des
Medeores

12

Année en cours

L'Oracle
des
Medeores

11

Fausses paroles, mensonges

L'Oracle
des
Medeores

10

Rencontre forte

L'Oracle
des
Medeores

9

Mois en cours

L'Oracle
des
Medeores

8

Désintérêt, oubli

L’Oracle
des
Medeores

7

Trimestre en cours

L'Oracle
des
Medeores

6

Retombée positive

L'Oracle
des
Medeores

Besoin d'ancrage

L'Oracle
des
Medeores

Événement proche

L'Oracle
des
Medeores

3

Acceptation

L'Oracle
des
Medeores

Lâcher-prise

L'Oracle
des
Medeores

Changement imminent